# LOI

## SUR LA

# GARDE NATIONALE.

# Paris

IMPRIMERIE CENTRALE DE NAPOLÉON CHAIX ET Cᵉ,

Rue Bergère, 20, près du boulevart Montmartre.

# LOI

SUR LA

# GARDE NATIONALE

EXPLIQUÉE ET COMMENTÉE

PAR

## F. PREVOST,

Officier dans la 2ᵉ légion de la Garde nationale de Paris,

ET

## P. GENRET,

Avocat à la Cour d'appel.

PRIX : 50 CENTIMES, ET 60 CENTIMES PAR LA POSTE.

PARIS

CHEZ M. F. PREVOST, RUE CADET, N° 20,

Faubourg Montmartre,

ET CHEZ LES PRINCIPAUX LIBRAIRES.

Juillet 1851.

# INTRODUCTION.

----

Après la révolution de février 1848, la garde nationale se trouva désorganisée par l'introduction d'un nombre considérable d'individus qui n'en faisaient pas partie auparavant ; des décrets ou arrêtés du Gouvernement provisoire, en date des 8 et 13 mars 1848, prescrivirent sa réorganisation sur de nouvelles bases, et il fut procédé à des élections générales dans les premiers jours du mois d'avril. Ces élections étaient à peine terminées, qu'on put déjà constater des résultats peu satisfaisants : ainsi, dans un certain nombre de légions de Paris et dans plusieurs gardes nationales des départements, les choix avaient été un peu trop précipités ; il y avait eu à cette époque une pression opérée par la partie flottante de la population qui, après avoir concouru aux élections, ne devait pas tarder à refuser le service, et à réclamer sa radiation comme trouvant ce service trop onéreux.

Un tel état de choses était grave, car, à chaque élection générale, les mêmes faits pouvaient se renouveler; au moyen d'inscriptions en masse, faites à propos, on pouvait peser d'un poids énorme dans la balance électorale, puis se retirer de nouveau après avoir institué des cadres de son choix. Il est inutile d'insister davantage sur ce point; tout le monde comprit dès l'abord qu'une législation qui devait amener de pareils résultats était un danger sérieux; les décrets furent jugés aussitôt que promulgués. Si des réclamations ne s'élevèrent pas hautement, c'est que chacun vit, à n'en pas douter, qu'une nouvelle loi interviendrait avant l'expiration des pouvoirs des nouveaux élus; on ne considéra, en un mot, cette réorganisation de la garde nationale que comme provisoire, à l'image du gouvernement qui l'avait décrétée.

L'Assemblée constituante termina cependant sa carrière sans avoir fait une nouvelle loi sur la garde nationale. A l'arrivée de l'Assemblée législative, on espéra que cette loi ne se ferait pas longtemps attendre; il n'y avait, pensait-on, qu'une chose à faire : revenir à la loi de 1831, et cela ne demandait ni une longue étude, ni une longue discussion.

Mais le gouvernement n'était pas tout à fait de cet avis; il lui semblait, sans doute, que l'ancienne législation n'était pas sans défaut, puisque le pays n'avait pu, au moyen de la garde nationale, être préservé d'un coup de main qui avait amené une révolution; il résolut donc de faire étudier de nouveau, et d'une manière approfondie, cette grave question; il chargea de ce soin une commission choisie, à cet effet, parmi les hommes les plus compétents et dans le sein même de la garde nationale de Paris. Il est à présumer que cette commission ne tarda pas à reconnaître ceci : que, si la garde nationale avait été impuissante dans les dernières années à maintenir l'ordre, elle avait, pendant longtemps, rendu des services incontestables : il fallait accuser, dès lors, non pas la législation de 1831, mais bien l'indifférence ou l'apathique sécurité des hommes d'ordre.

A la suite de l'examen fait par cette commission, M. le ministre de l'intérieur (1), qui n'avait voulu procéder qu'avec une sage lenteur, présenta à l'Assemblée législative, dans le courant du mois de juillet 1850, un projet de loi qui fut renvoyé aux bureaux.

Après une assez vive discussion, une commission de l'Assemblée fut chargée de son examen ; elle se trouva composée de **MM.** de Panat (président), Léon de Malleville, Le Verrier, Mathieu de la Redorte, Quentin-Bauchart, de Crouseilhes, de Vatimesnil, d'Andigné de la Châsse, Labordère, le général de Lauriston (2), de Ladevèze, Baze (3), Lacrosse (4), Lecomte (de l'Yonne), et Henri de Riancey, rapporteur.

Cette commission, dont la prorogation de

---

(1) M. Baroche.
(2) Colonel de la 10ᵉ légion de la garde nationale de Paris.
(3) Commandant de la garde nationale d'Agen.
(4) Colonel de la garde nationale de Brest.

l'Assemblée avait retardé la nomination, se constitua vers le 15 novembre, et s'occupa sans relâche de l'élaboration de la loi qui lui était confiée ; elle recueillit les observations des préfets des départements, entendit M. le commandant supérieur des gardes nationales de la Seine, conféra avec M. le ministre de l'intérieur, et fit quelques modifications qui furent acceptées par le gouvernement. Elle se livra à un examen scrupuleux montrant à quel point elle comprenait l'importance de la loi sur la garde nationale. A ce sujet, nous laissons parler M. de Riancey, son rapporteur, dont le travail lumineux et remarquable nous a été si utile pour cette publication :

« Le soin qu'elle (la commission) a essayé
» d'apporter à son œuvre vous prouve, Mes-
» sieurs, combien elle entend conserver,
» maintenir et fortifier la garde nationale.

» Non pas, sans doute, que nous nous
» soyons fait illusion sur les enseignements
» si graves que peut fournir l'histoire de nos
» soixante dernières années, et le rôle qu'y a
» joué la garde nationale. Non pas que nous
» nous soyons dissimulé les observations qu

» fait naître cette institution, les inconvé-
» nients, les dangers même qu'elle peut pré-
» senter quand elle est mal comprise et
» détournée de son but souverain : *la pro-
» tection de l'ordre et des lois*.....

» ..... Sans doute les institutions qui
» sont encore demeurées debout accusent
» des imperfections profondes. Quelle est
» celle qui n'a pas eu ses défaillances? Quelle
» est celle dont l'origine soit absolument ir-
» réprochable? Quelle est celle qui n'ait pas
» compté ses mauvais jours?

» Mais, croyez-le, c'est quelque chose,
» à une époque aussi troublée que la
» nôtre, que d'avoir vécu plus d'un demi-
» siècle ; d'avoir résisté à des sympathies
» ardentes et à des répulsions prononcées;
» de s'être retrouvée au lendemain des périls
» et des révolutions, et d'avoir racheté des
» erreurs et des fautes par des actes de dé-
» vouement et d'abnégation.

» D'ailleurs, qui ne le sait? si la garde
» nationale a pu subir des reproches, elle
» n'a, le plus souvent, fait que partager les
» mouvements et les égarements de l'opinion

» elle-même. Il ne faut donc pas être plus
» sévère pour elle que pour tout le reste de
» la nation. On peut et on doit plaindre la
» France; on peut et on doit détester les
» agitations et les orages qui l'ont déso-
» lée..... »

Malgré l'urgence, puisque le terme des prochaines élections approchait, l'Assemblée législative ne voulut pas soustraire la loi à l'épreuve des trois délibérations; elle vota, pour pourvoir aux éventualités, une loi transitoire (1) dont nous n'avons pas à nous occuper ici, et qui paraît, du reste, n'avoir soulevé que des protestations très isolées et provoqué que des démissions fort peu nombreuses.

Le projet de loi présenté par le gouvernement, amendé par la commission, n'a reçu, pendant une discussion de douze séances environ, que des modifications de détails ou de rédaction peu importantes; il a été adopté par l'Assemblée législative, en première déli-

_______________

(1) Loi du 15 mars 1851.

bération, le 8 avril; en deuxième délibération, le 28 mai; enfin en troisième et dernière
délibération, le 13 juin 1851. La loi a été
promulguée le 26 du même mois.

## Précis historique de la législation sur la Garde nationale.

La garde nationale, qui a pris naissance
en 1789, fut régie pour la première fois par
la loi du 14 octobre 1791.

Le 3 février 1792, intervint un décret con-
cernant la formation, l'organisation et la
solde des gardes nationales volontaires.

Un autre décret du 17 juin 1792 proclama
en principe que tout citoyen était tenu de
faire le service de la garde nationale.

Le 22 frimaire an III, les sexagénaires et
les infirmes furent dispensés du service, mais
à condition de payer la taxe de remplacement s'ils n'avaient un certificat d'indigence,
ou, selon les termes d'un second décret du
9 pluviôse selon, s'ils ne justifiaient pas
que leur revenu fût inférieur à 150 livres.

Le 10 prairial de la même année, la même dispense fut accordée aux citoyens les moins aisés de la classe des artisans, journaliers et manouvriers.

Les lois des 28 prairial an III, 25 thermidor et 13 fructidor an V, donnèrent à la garde nationale une organisation nouvelle.

Un arrêté du gouvernement, du 13 floréal an VII, explique et commente le système général de ces diverses lois.

L'économie de ces lois fut changée, et, le 22 vendémiaire an XIV, un sénatus-consulte confiait au gouvernement le soin de réorganiser les gardes nationales et lui accordait le pouvoir de nommer les officiers.

Un décret du 13 mars 1812 modifia l'organisation des gardes nationales ; elle fut divisée en trois *bans* : le premier était composé des jeunes gens de 20 à 26 ans qui avaient échappé à la conscription ; le deuxième, des hommes valides de 26 à 40 ans ; enfin, le troisième, l'arrière-ban, était formé de tous les hommes valides de 40 à 60 ans.

Par ordonnance royale du 16 juillet 1814, la garde nationale fut divisée en garde urbaine et garde rurale. Plusieurs autres ordonnances, notamment celles des 27 décembre 1815, 17 juillet 1816 et 30 septembre 1818, réorganisèrent cette garde, et le choix des officiers fut laissé au roi.

A la révolution de 1830, l'organisation de la garde nationale reprit sa généralité, et un acte du gouvernement provisoire de cette époque rétablit la garde nationale de Paris, dissoute par le précédent gouvernement.

Une ordonnance du 23 août 1830 détermina provisoirement, pour le service de la garde nationale, les attributions de l'autorité administrative.

Le 22 mars 1831, intervint une loi organique de la garde nationale, qui a été en exécution jusqu'à la révolution de Février; il n'y eut de modifications à cette loi que pour le département de la Seine; elles sont renfermées dans la loi du 14 juillet 1837.

Sont intervenus ensuite, après la révolution de Février, les décrets et arrêtés que nous avons mentionnés au commencement de cette Introduction. Voici maintenant les articles de la Constitution de 1848 qui ont posé les principes généraux de l'organisation de la garde nationale :

## Articles de la Constitution qui se rapportent à la Garde nationale.

« Art. 50.—Il (le président de la République) dispose de la force armée sans pouvoir jamais la commander en personne.

» Art. 101. — La force publique est instituée pour défendre l'État contre les ennemis du dehors, et pour assurer au dedans le maintien de l'ordre et l'exécution des lois.

» Elle se compose de la garde nationale et de l'armée de terre et de mer.

» Art. 64. — .... Il (le président de la République) nomme et révoque en conseil des ministres..... le commandant supérieur des gardes nationales de la Seine..., etc.

» Art. 102. — Tout Français, sauf les exceptions fixées par la loi, doit le service militaire et celui de la garde nationale...

» Art. 103. — L'organisation de la garde

» nationale et la constitution de l'armée se-
» ront réglées par la loi.

» Art. 104. — La force publique est es-
» sentiellement obéissante.

» Nul corps armé ne peut délibérer.

» Art. 105.— La force publique, employée
» pour maintenir l'ordre à l'intérieur, n'agit
» que sur la réquisition des autorités consti-
» tuées, suivant les règles déterminées par
» le pouvoir législatif.

» Art. 113. — Toutes les autorités consti-
» tuées par les lois actuelles demeurent en
» exercice jusqu'à la promulgation des lois
» organiques qui les concernent. »

# LOI

SUR LA

# GARDE NATIONALE

Adoptée les 8 avril, 28 mai et 13 juin 1851 ;
promulguée le 26 du même mois.

---

## Texte de la Loi et Annotations.

Les premiers articles traitent de la composition et de l'organisation de la garde nationale : cette organisation a trois principaux caractères ; elle est :

1° Universelle ;

2º Communale;

3º Permanente.

Elle est *universelle,* quant aux personnes d'abord, puisque, soit dans le contrôle de service ordinaire, soit dans le contrôle de réserve, doivent figurer tous les Français, à partir de l'âge de 20 ans, hormis les exceptions et les exclusions formellement édictées par la loi. Elle est, en outre, *universelle* quant aux lieux, car elle doit exister sur tout le territoire.

Elle est *communale.* « La première pensée » de ceux qui formeront la garde nationale » est d'être de la commune pour garder les » propriétés communales et maintenir l'ordre » parmi les habitants de la commune. C'est » là le sentiment populaire (1). »

« Qui ne sait d'ailleurs (2) que, dans les » départements, la constitution de bataillons » cantonnaux a eu parfois pour effet de » donner satisfaction à quelques vanités ou » à quelques influences locales, beaucoup

----

(1) M. Dupin aîné.
(2) Rapport de M. Henri de Riancey.

» plutôt qu'à des besoins réels et à d'impé-
» rieuses nécessités de service? »

C'est là le principe. Dans les villes, c'est
l'importance numérique de la garde nationale et les besoins de l'unité du commandement qui la font réunir en légions, sans pour
cela qu'elle cesse d'être communale ; si, dans
des circonstances exceptionnelles, il peut y
avoir avantage à réunir les gardes nationales
de plusieurs communes limitrophes, la loi a
prévu ce cas, et tracé dans des articles sub-
séquents la marche à suivre pour les orga-
niser en bataillons, même en légions.

Enfin l'organisation est *permanente* : « per-
« manente à la fois, et comme les nécessités
» ordinaires auxquelles elle doit pourvoir, et
» comme les éventualités auxquelles elle doit
» être préparée (1).

» Cette permanence ne subit qu'une seule
» exception. Il peut se faire qu'entraînée par
» de mauvaises passions, la garde nationale
» d'une commune manque à son premier de-
» voir ; il peut se faire qu'oubliant le but de

_______________

(1) Rapport de M. Henri de Riancey.

» son institution, au lieu de prêter force à la
» loi, elle jette le trouble et le désordre dans
» la cité. Le gouvernement ne saurait rester
» sans puissance en face d'une conduite
» aussi coupable. Gardien de la sécurité de
» tous, le pouvoir exécutif doit être en me-
» sure non-seulement de la rétablir, mais de
» prévenir les atteintes qui la menaceraient.

» La Constitution, en confiant au Prési-
» dent de la République le soin de « surveil-
» ler et d'assurer l'exécution des lois, » a
» chargé le législateur de lui en fournir les
» moyens. Elle a ajouté, de plus, que le pré-
» sident « dispose de la force armée. » De
» cette double obligation résulte le droit que
» notre loi confère au chef du pouvoir exé-
» tif de *dissoudre*, sous sa responsabilité,
» les gardes nationales qui se seraient ren-
» dues indignes de porter les armes, ou dont
» les dispositions seraient alarmantes pour le
» repos public. »

# TITRE PREMIER.

## Dispositions générales.

—

### ARTICLE 1er.

Le service de la garde nationale consiste :

1° En service ordinaire dans l'intérieur de la commune ;

2° En service de détachement hors du territoire de la commune ;

3° En service de corps mobilisés pour seconder l'armée de ligne dans les limites fixées par la loi.

### ART. 2.

La garde nationale est organisée dans toute la République : elle l'est par commune, et à Paris par arrondissement municipal.

Les compagnies communales d'un canton peuvent être formées en bataillons cantonaux et en légions, par décret du pouvoir exécutif, les conseils municipaux de la circonscription entendus.

Dans aucun cas, la garde nationale ne peut être organisée par département ni par arrondissement de sous-préfecture.

Cette disposition n'est pas applicable au département de la Seine.

### Art. 3.

Cette organisation est permanente ; toutefois, le président de la République peut suspendre ou dissoudre, en tout ou en partie, la garde nationale dans des lieux déterminés.

Dans le cas de suspension, la garde nationale est remise en activité dans l'année à compter du jour de la suspension.

Dans le cas de dissolution, la garde nationale est réorganisée dans les deux ans.

Le tout à moins que ces délais n'aient été prorogés par une loi spéciale.

En cas d'urgence, le préfet peut prononcer provisoirement la suspension. Cette suspension n'a d'effet que pendant trois mois, si dans l'intervalle elle n'est pas maintenue, ou si la dissolution n'est pas prononcée par le gouvernement.

Dans tous les cas de suspension ou de dissolution, le préfet peut ordonner le dépôt des armes dans un lieu déterminé, sous les peines portées par l'art. 3 de la loi du 24 mai 1834 (1).

### ART. 4.

La garde nationale est placée sous l'autorité des maires, des sous-préfets, des préfets, du ministre de l'intérieur.

Lorsque, d'après les ordres du préfet ou du sous-préfet, la garde nationale de plusieurs communes est réunie, soit au chef-lieu de canton, soit dans toute autre commune, elle est sous l'autorité du maire de la commune où a lieu la réunion.

Sont exceptés les cas déterminés par les lois, où la garde nationale est appelée à faire un service militaire et est mise sous les ordres de l'autorité militaire.

### ART. 5.

Les citoyens ne peuvent ni prendre les armes, ni se rassembler comme gardes nationaux, avec ou sans uniforme, sans l'ordre des chefs immédiats, et ceux-ci ne peuvent donner cet ordre sans une réquisition de l'autorité civile.

S'il en était autrement, on verrait bientôt l'anarchie prendre la place de l'ordre et de la discipline, et tous les

---

(1) Voir la Note après l'art. 38.

jours des mécontents et des agitateurs endosser l'uniforme sous prétexte de *manifestations pacifiques.*

## ART. 6.

Aucun chef de poste ne peut faire distribuer des cartouches aux gardes nationaux placés sous son commandement, si ce n'est en vertu d'ordre précis, ou en cas d'attaque de vive force.

Ces derniers mots : « *ou en cas d'attaque de vive force* » n'existaient point dans la loi du 22 mars 1831 ; mais on comprend parfaitement que leur addition ait paru nécessaire aux législateurs, après les nombreuses tentatives faites par les anarchistes ; c'est au chef de poste ou de détachement qu'il appartient, sous sa responsabilité, de voir s'il y a, ou non, nécessité pour sa troupe de faire usage de ses armes.

## TITRE II.

### De l'organisation de la Garde nationale.

---

### SECTION PREMIÈRE.

*De la Composition de la Garde nationale.*

## ART. 7.

La garde nationale se compose, sauf les exceptions ci-après, de tous les Français, à partir de l'âge de vingt ans.

**Art. 8.**

Ne font pas partie de la garde nationale :

1° Les ministres des différents cultes reconnus par l'Etat ; les élèves des grands séminaires et des facultés de théologie ;

Les membres ou novices des associations religieuses vouées à l'enseignement, autorisées par la loi ou reconnues comme établissements d'utilité publique ;

2° Les militaires des armées de terre et de mer en activité de service, en disponibilité ou en non-activité ;

Les administrateurs ou agents commissionnés des services de terre ou de mer en activité ; les comptables, magasiniers, préposés de dépôt, distributeurs, infirmiers et autres agents inférieurs des ports, arsenaux et établissements de la marine ; les ouvriers des ports, des arsenaux et des manufactures d'armes organisés militairement. Ne sont pas compris dans cette disposition, les commis et employés des bureaux de la marine, au-dessous du grade d'aide-commissaire ;

3° Les officiers, sous-officiers et soldats des gardes municipales et autres corps soldés ;

4° Les préposés des services actifs des douanes ;

3

5° Les directeurs et concierges des maisons d'arrêt; les gardiens-chefs et gardiens ordinaires des prisons et les autres agents inférieurs de justice et de police ;

6° Ceux que des infirmités mettent pour toujours hors d'état de faire aucun service : la nature de ces infirmités et le mode de les constater seront déterminés par un règlement d'administration publique.

Toutes ces exceptions se justifient d'elles-mêmes et n'ont pas besoin de commentaire.

### ART. 9.

Sont exclus de la garde nationale :

1° Tous les individus énumérés en l'art. 8 de la loi du 31 mai 1850 ;

2° Les individus privés, par jugement, de l'exercice de leurs droits civils ou politiques ;

3° Les individus condamnés à trois mois de prison au moins, par application de la loi du 27 mars 1851.

La loi du 27 mars 1851 frappe ceux qui commettent des fraudes dans le débit des marchandises. Seront exclus ceux qui auront été condamnés à trois mois de prison par application de cette loi.

L'exclusion prononcée contre les individus mentionnés dans l'art. 8 de la loi du 31 mai, porte sur :

1° Les individus privés de leurs droits civils et politiques par suite de condamnation, soit à des *peines afflictives ou infamantes*, soit à des *peines infamantes seulement;*

2° Ceux auxquels les tribunaux jugeant correctionnellement auront interdit le droit de vote et d'élection, par application des lois qui autorisent cette interdiction;

3° Les condamnés pour crime à l'emprisonnement, par application de l'art. 463 du Code pénal (1);

4° Ceux qui ont été condamnés à trois mois de prison par application des art. 318 (2) et 423 (3) du Code pénal ;

5° Ceux qui ont été condamnés pour délit d'usure ;

6° Les interdits ;

7° Les faillis non réhabilités, dont la faillite a été déclarée soit par des tribunaux français, soit par un jugement rendu à l'étranger, mais exécutoire en France ;

8° Les individus condamnés pour vol, escroquerie, abus de confiance, ou pour attentat aux mœurs prévu par l'art. 334 du Code pénal, quelle que soit la durée de l'emprisonnement auquel ils auront été condamnés ;

---

(1) Cet article a rapport à la modification des peines prononcées par la loi, lorsque le jury a reconnu des circonstances atténuantes.

(2) Boissons falsifiées.

(3) Tromperie sur la marchandise vendue.

9° Les individus condamnés à l'emprisonnement, en vertu de l'art. 330 du Code pénal (1) ;

10° Les individus qui, par application de l'art. 8 de la loi du 17 mai 1819, et de l'art. 3 du décret du 11 août 1848, auront été condamnés pour outrage à la morale publique et religieuse, ou aux bonnes mœurs, et pour attaques contre le principe de la propriété et les droits de la famille ;

11° Les individus condamnés à plus de trois mois d'emprisonnement, en vertu des art. 98, 100, 101, 102, 103, 105, 106, 107, 108, 109, 112 et 113 de la loi du 15 mars 1849 ;

Les articles précités de la loi du 15 mars 1849 punissent les auteurs de fraude électorale et notamment . ceux qui se seront fait inscrire indûment, ou sous un faux nom, sur les listes électorales ; ceux qui auront voté au lieu d'un électeur inscrit dont ils auront usurpé le nom ; ceux qui auront profité d'une inscription multiple pour voter plus d'une fois ; ceux qui auront infidèlement rempli les fonctions de scrutateurs ou altéré des bulletins ; ceux qui, chargés par un électeur d'écrire son bulletin, auront écrit des noms autres que ceux qui leur étaient désignés ; ceux qui, par dons ou promesses, menaces ou violences, auront procuré des suffrages ou provoqué des abstentions ; ceux qui, par fausses nouvelles, manœuvres frauduleuses, clameurs, attroupements, troubleront les opérations électorales ou porteront at-

_______________

(1) Attentat aux mœurs.

teinte à la liberté du vote ; enfin, ceux qui auront enlevé ou tenté d'enlever les urnes contenant les suffrages non encore dépouillés ;

12° Les notaires, greffiers et officiers ministériels destitués en vertu de jugements ou de décisions judiciaires;

13° Les condamnés pour vagabondage ou mendicité ;

14° Ceux qui auront été condamnés à trois mois de prison au moins, par application des art. 439, 443, 444, 445, 446, 447 et 452 du Code pénal ;

Ces sept articles du Code pénal punissent : ceux qui auront brûlé ou détruit des registres ou actes de l'autorité publique, des lettres de change, effets de commerce ou de banque ; ceux qui auront gâté des matières servant à la fabrication ; ceux qui auront dévasté des récoltes ; ceux qui auront abattu ou mutilé des arbres appartenant à autrui ; ceux qui auront empoisonné des chevaux, bêtes de somme, bestiaux, poissons, réservoirs ou étangs ;

15° Ceux qui auront été déclarés coupables des délits prévus par les art. 410 (1) et 411 (2) du Code pénal et par la loi du 21 mai 1836, portant prohibition des loteries ;

16° Les militaires condamnés au boulet ou aux travaux publics ;

17° Les individus condamnés à l'emprisonnement par application des art. 38, 41, 43 et 45 de la loi du 21 mars 1832, sur le recrutement de l'armée.

---

(1) Maisons de jeu clandestines.
(2) Maisons de prêts sur gages sans autorisation.

La loi du 21 mars 1832 punit: ceux qui auront employé des manœuvres frauduleuses pour se faire omettre de la liste du tirage, en matière de recrutement, et leurs complices ; ceux qui se seront rendus impropres au service militaire, soit en se mutilant, soit de toute autre manière, et leurs complices ; ceux qui auront commis une substitution frauduleuse en matière de recrutement ; enfin les médecins, appelés au conseil de révision, qui auront reçu des dons ou agréé des promesses pour être favorables aux jeunes gens qu'ils doivent examiner.

## SECTION II.

### *Du Service ordinaire et de la Réserve.*

### ART. 10.

Le service de la garde nationale se divise en service ordinaire et service de réserve.

Les articles suivants indiquent la différence entre ces deux services. Voir l'article 14.

### ART. 11.

Les citoyens inscrits sur le contrôle du service ordinaire sont appelés à tous les services d'ordre et de sûreté, ainsi qu'aux exercices et aux revues.

### ART. 12.

Les citoyens inscrits sur les contrôles de la ré-

serve ne peuvent être appelés qu'extraordinaire-
ment, et en vertu d'un arrêté du préfet.

### ART. 13.

Sont inscrits au contrôle du service ordinaire
tous les citoyens âgés de vingt et un ans au
moins, domiciliés depuis un an dans la commune,
et non compris dans les dispositions de l'article
suivant.

Les compagnies et subdivisions de compagnies
sont formées des gardes nationaux inscrits sur le
contrôle du service ordinaire, dans les circonscriptions où se trouve leur domicile.

Peuvent être, en outre, inscrits au contrôle du
service ordinaire dans une commune autre que
celle de leur domicile réel, les citoyens qui rési-
dent habituellement une partie de l'année dans
cette commune.

Dans ce cas, le service est dû tant dans la commune du domicile réel que dans celle de la résidence habituelle.

### ART. 14.

Sont placés dans la réserve :

1° Les citoyens âgés de moins de vingt et un
ans, et ceux qui ont moins d'un an de domicile
dans la commune;

2° Ceux pour lesquels le service habituel serait une charge trop onéreuse ;

3° Les préposés du service actif des contributions indirectes, des octrois et des administrations sanitaires, les cantonniers et éclusiers, les gardes champêtres et forestiers ;

4° Les facteurs de la poste aux lettres, les agents des lignes télégraphiques et les postillons de l'administration des postes reconnus nécessaires à ces services publics ; les machinistes et chauffeurs des chemins de fer et bateaux à vapeur ;

5° Les portiers, et les domestiques attachés au service de la personne.

C'est le paragraphe 2ᵉ de cet article qui a été le plus vivement attaqué par les adversaires de la loi ; ils ont même déposé plusieurs amendements qui tous peuvent se résumer à ceci : que l'individu pour lequel le service habituel serait une charge trop onéreuse ne pourrait être placé dans la réserve que sur sa demande. Ces divers amendements voulaient introduire dans la loi ce qu'on a appelé, dans la discussion, le *droit au fusil :* sur ce point, la discussion a été très-vive ; ce n'est qu'après plusieurs jours de luttes oratoires que l'article a été adopté, du reste, à une grande majorité.

Voici, au surplus, les principaux motifs de la commission à l'appui de sa rédaction. Après avoir rappelé que le service militaire et celui de la garde nationale

sont des *dettes* du citoyen envers la patrie, et non pas
un *droit*, M. le rapporteur ajoute (1) : « Jamais, et en
» aucun temps, toute la masse des citoyens n'a été en-
» rôlée dans le service actif, parce que rien ne serait
» plus contraire aux nécessités du travail, de la pros-
» périté et de la paix publiques. Le service habituel est
» un impôt, et il est élémentaire en cette matière d'é-
» viter de surcharger ceux pour qui cette contribution
» serait trop pesante. Il faut respecter scrupuleuse-
» ment le temps de celui qui vit de son labeur, qui a
» besoin de chaque jour et de chaque heure du jour
» pour pourvoir à la subsistance de sa famille. Sans
» doute, en un moment de détresse sociale, la patrie a
» droit d'exiger de lui le sacrifice de son temps comme
» celui de sa vie; mais l'arracher à son atelier pour lui
» faire monter des gardes en pleine paix, le priver de
» son repos et de ses bras, sa seule fortune peut-être,
» quand la sécurité générale peut être parfaitement pro-
» tégée, et par l'armée, et par les gardes municipales,
» et par d'autres citoyens moins surchargés que lui,
» ce serait le plus odieux et le plus intolérable des
» abus.

» La sagesse et la juridiction paternelle des conseils
» de recensement pourvoiront donc, dans une mesure
» juste et proportionnelle, à la répartition du service.
» Ils sauront, par les rapports journaliers qu'ils entre-
» tiennent avec tous les habitants de la commune, quels
» sont ceux des citoyens pour qui l'obligation de por-

---

(1) Rapport de M. Henri de Riancey.

» ter les armes, de revêtir l'uniforme, de paraître aux
» exercices et aux revues, de faire le service des pos-
» tes, seraient des devoirs trop onéreux. Nous nous en
» rapportons pleinement à leurs appréciations. »

## Art. 15.

Peuvent se dispenser du service de la garde nationale :

1° Les membres de l'Assemblée nationale, les ministres et les sous-secrétaires d'État ;

2° Les conseillers d'État et les maîtres des requêtes ;

3° Les membres des cours et tribunaux et les greffiers de justice de paix ;

4° Les membres du conseil de préfecture ;

5° Les directeurs, médecins et chirurgiens des hôpitaux et hospices civils et des asiles d'aliénés ;

6° Les citoyens âgés de plus de cinquante-cinq ans ;

7° Les anciens militaires ayant cinquante ans d'âge et vingt années de service.

## Art. 16.

Sont temporairement dispensés du service de la garde nationale ceux qu'un service public, une absence, une maladie ou une infirmité, dûment justifiés d'après les formes qu'établira le règlement du service ordinaire, mettent dans l'impossibilité de faire le service.

### ART. 17.

Le service de la garde nationale est incompatible avec les fonctions qui confèrent le droit de requérir la force publique.

Disposition essentielle et renouvelée de la loi du 22 mars 1831.

### ART. 18.

Le service de la garde nationale est personnel ; néanmoins, le remplacement pour le service ordinaire est permis entre le père et le fils, les frères, l'oncle et le neveu, ainsi qu'entre alliés au même degré, pourvu toutefois que le remplaçant et le remplacé appartiennent à la même compagnie.

Les gardes nationaux de la même compagnie qui ne sont ni parents ni alliés aux degrés ci-dessus désignés peuvent seulement, et avec l'autorisation des chefs, changer leurs tours de service.

La loi de 1831 autorisait le remplacement entre les parents et alliés dont il est question dans l'article ci-dessus, *à quelque compagnie ou bataillon qu'ils appartinssent.*

La nouvelle loi est plus rigoureuse à cet égard, puisqu'elle exige que le remplacé et le remplaçant fassent partie de la même compagnie.

## ART. 19.

Peuvent être appelés à faire partie du service ordinaire les étrangers admis à la jouissance des droits civils, conformément à l'art. 13 du Code civil.

Voici le texte de l'art. 13 du Code civil :

« L'étranger qui aura été admis par l'autorisation
» *du Roi* à établir son domicile en France, y jouira de
» tous les droits civils, tant qu'il continuera d'y rési-
» der. »

## SECTION III.

*De l'inscription des Gardes nationaux, de leur répartition entre le service ordinaire et la Réserve, du jugement des dispenses, etc.*

## ART. 20.

L'inscription des gardes nationaux sur les contrôles de la garde nationale, leur répartition entre le service ordinaire et la réserve, leur classement entre les compagnies et l'appréciation des causes de dispense, sont faits par les conseils de recensement, sauf recours devant le jury de révision.

Le mode de nomination aux fonctions de membre du conseil de recensement a été l'objet d'un débat assez important. Les uns voulaient que les conseils de recensement fussent le résultat de l'élection ; quelques autres voulaient que cette désignation fût faite par le sort; l'Assemblée a repoussé l'un et l'autre moyen, et a adopté avec quelques modifications le mode consacré par l'expérience, en votant l'article suivant :

§ 1er. — *Des Conseils de recensement.*

## ART. 21.

Il y a par commune, et à Paris par arrondissement, un conseil de recensement.

Dans chaque commune, le nombre des membres de ce conseil est égal à celui des conseillers municipaux ; il est ajouté un membre de plus si le conseil municipal est constitué en nombre impair.

Les membres du conseil de recensement sont choisis :

Moitié sur la désignation et dans le sein du conseil municipal ;

Moitié par le préfet ou le sous-préfet, parmi les citoyens aptes à faire partie du service ordinaire de la garde nationale.

Le maire fait partie du conseil comme membre de droit, et le préside. A son défaut, le conseil est présidé par un adjoint ou par un membre du conseil municipal, désigné par le maire.

A Paris, le conseil de recensement de chaque arrondissement est composé de seize membres nommés par le préfet, en nombre égal pour chaque bataillon, parmi les citoyens faisant partie du service ordinaire de la garde nationale.

S'il y a lieu d'établir une légion de cavalerie à Paris, le conseil de recensement sera composé de douze membres, choisis par le préfet parmi les gardes nationaux faisant ou ayant fait partie de cette arme.

Il sera présidé par un délégué du préfet.

Dans la loi de 1831, le conseil de recensement, pour les communes rurales et les villes ne formant pas plus d'un canton, n'était autre que le conseil municipal. Dans les autres villes, il était adjoint un certain nombre de membres étrangers au conseil municipal, mais aptes à faire partie de la garde nationale.

A Paris, la loi du 14 juillet 1837 portait à seize par arrondissement le nombre des membres des conseils de recensement ; la loi du 22 mars 1831 ne l'avait fixé qu'à huit.

## ART. 22.

Les conseils de recensement sont renouvelés tous les ans, par moitié.

Les membres du conseil sont toujours rééligibles.

## ART. 23.

Après trois absences consécutives et non justifiées, les membres du conseil sont réputés démissionnaires.

Dispositions de la loi du 14 juillet 1837, reproduites dans la loi actuelle.

## ART. 24.

En cas de réorganisation de la garde nationale après dissolution, ou de dissolution du conseil municipal, le sous-préfet désigne les citoyens qui doivent provisoirement remplacer les membres du conseil de recensement, appartenant soit à la garde nationale, soit au conseil municipal dissous.

§ 2. *Des Jurys de révision.*

## ART. 25.

Il y aura un jury de révision par chaque canton.

Lorsqu'une ville est le chef-lieu de plusieurs cantons, il n'y aura qu'un jury de révision pour tous ces cantons, lors même que leur ressort comprend d'autres communes.

Chaque jury de révision est composé de douze jurés, désignés par le sort sur une liste de cent cinquante gardes nationaux sachant lire et écrire, et âgés de plus de vingt-cinq ans.

Cette liste est dressée par le sous-préfet, sur les présentations faites par les maires des diverses communes, à raison de deux cents candidats par chaque canton. Un arrêté du sous-préfet détermine, proportionnellement à la population des diverses communes, le nombre des candidats qui doivent être pris dans chacune d'elles.

Dans tous les cas, il ne sera présenté qu'une liste de deux cents candidats pour la formation d'un jury de révision.

A Paris, le jury de révision est composé d'un nombre de membres égal à celui des légions.

Dans chaque légion, un juré titulaire est désigné par le sort sur une liste de vingt-cinq gardes nationaux remplissant les conditions indiquées au paragraphe 2 du présent article, et faisant partie de la légion.

Ces listes sont dressées par le préfet.

Les vingt-cinq gardes nationaux qu'il désigne

sont choisis sur une liste de cinquante candidats présentée par le maire de l'arrondissement.

Il est désigné, pour chaque jury, dans les formes déterminées par le présent article, un nombre de suppléants égal à celui des jurés titulaires.

Une discussion de quelque importance a eu lieu également sur le mode de formation des jurys de révision. On proposait encore l'élection ou le sort comme base. On voit par l'article ci-dessus à quel système la Commission, a cru devoir donner la préférence.

## ART. 26.

Le jury de révision est présidé par le juge de paix.

A Paris, et dans les villes dont le territoire est divisé en plusieurs cantons, un roulement détermine, d'après les règles fixées par le ministre de la justice, l'ordre dans lequel chacun des juges de paix doit présider.

## ART. 27.

Le tirage des jurés et des jurés suppléants est fait par le président du jury, en audience publique.

Les membres du jury désignés par le sort, sauf ceux qui auront été temporairement excusés, sont rayés de la liste, et ne peuvent y être rétablis qu'après les élections générales.

4.

Le renouvellement intégral des jurés a lieu à l'époque des élections générales de la garde nationale.

Le jury constitué suivant le paragraphe 1er du présent article, fonctionne pendant une année entière.

## ART. 28.

Le jury ne peut prononcer qu'au nombre de sept membres au moins, y compris le président. Les décisions sont prises à la majorité absolue : en cas de partage, la voix du président est prépondérante.

## ART. 29.

Tout juré absent, et non valablement excusé, est condamné par le juge de paix à une amende de 5 à 10 francs.

## ART. 30.

Les décisions du jury ne sont susceptibles de recours devant le conseil d'État que pour incompétence, excès de pouvoir, ou violation de la loi.

La contrariété de décisions rendues en dernier ressort, relativement à la même personne, par des conseils de recensement ou des jurys de révision différents, donne lieu au recours devant le conseil d'État.

Les divers articles qui précèdent indiquent des formalités de procédure qui s'expliquent d'elles-mêmes, et dont le détail fera, du reste, l'objet d'un règlement d'administration publique. (Art. 33.)

## ART. 31.

Les fonctions de membre du conseil de recensement et de membre du jury de révision sont incompatibles.

Il est certain que les mêmes personnes ne sauraient être appelées à prononcer en dernier ressort sur les décisions auxquelles elles auraient concouru en premier ressort.

## ART. 32.

Un décret du président de la République détermine le nombre, le rang et le mode de nomination des rapporteurs, des rapporteurs adjoints, et des secrétaires attachés aux jurys de révision.

§ 3.— *Disposition commune au Conseil de recensement et au Jury de révision.*

## ART. 33.

Les formes de procéder des conseils de recensement et des jurys de révision sont déterminées par un règlement d'administration publique.

## SECTION IV.

*Formation de la Garde nationale.*

### ART. 34.

La garde nationale, en service ordinaire, est organisée en subdivisions de compagnies, en compagnies, en bataillons et en légions d'infanterie.

Des décrets du président de la République établissent les règles d'après lesquelles ces corps sont formés dans les circonscriptions déterminées par l'art. 2.

Il pourra être établi, par décret du président de la République, les conseils municipaux entendus, des pelotons, escadrons ou légions de cavalerie, dans les villes et cantons où cette organisation sera jugée nécessaire.

Partout où il n'existe pas de corps soldé de sapeurs-pompiers, il est, autant que possible, formé des compagnies ou des subdivisions de compagnies de sapeurs-pompiers volontaires, faisant partie de la garde nationale.

Dans les places de guerre, les ports de commerce et les cantons maritimes, il pourra être formé, par décret du président de la République, soit des batteries ou subdivisions de batteries d'artillerie, soit des compagnies ou subdivisions de 'compagnies de marins, garde-côtes et ouvriers de marine.

Dans toutes les autres villes, les batteries ou subdivisions de batteries d'artillerie déjà organisées pourront être maintenues par décret du président de la République, le conseil municipal entendu.

Ces compagnies et batteries, suivant l'importance de leur effectif, pourront être placées sous le commandement d'un officier supérieur, en restant sous l'autorité du chef de la garde nationale de la circonscription.

L'admission des gardes nationaux dans les armes spéciales de cavalerie, de sapeurs-pompiers, d'artilleurs, de marins, de garde-côtes et d'ouvriers de marine, est prononcée par les conseils de recensement créés par l'art. 21, sauf ce qui est dit dans cet article pour la légion de cavalerie de Paris.

Les décisions du conseil de recensement en pareille matière ne sont pas susceptibles de recours devant le jury de révision.

Il est question dans cet article des diverses armes de la garde nationale.

L'infanterie est sa nature ; la cavalerie et l'artillerie

ne peuvent être formées que facultativement, et lorsque leur nécessité sera démontrée.

On avait demandé la suppression de la cavalerie, qu'on soutenait n'être qu'une affaire de fantaisie et de luxe ; la commission en a jugé autrement et a demandé son maintien, en faisant ressortir son utilité ; il **y** a d'ailleurs une considération qui n'est pas à dédaigner, au point de vue de l'élève de la race chevaline : c'est que, sur tout le territoire, la cavalerie de la garde nationale compte près de 14,000 chevaux.

Quant à l'artillerie, on doit la considérer comme une arme de guerre essentiellement ; il faut en outre aux hommes de ce corps, pour qu'ils puissent rendre des services, une instruction militaire longue et sortant des habitudes de la garde nationale : aussi la commission a-t-elle demandé sa suppression, sauf des exceptions en ce qui touche les places de guerre (1) et les cantons maritimes.

Aucune difficulté n'a surgi lorsqu'il s'est agi de la formation des compagnies de marins, de garde-côtes et de sapeurs-pompiers.

---

(1) C'est ici le cas de mentionner le magnifique bataillon d'artillerie de la garde nationale de Lille, le plus beau, sans contredit, de toute la milice civique de France.

## SECTION V.

### *De l'Élection aux Grades.*

### ART. 35.

Les gardes nationaux portés sur le contrôle du service ordinaire nomment leurs officiers, sous-officiers et caporaux.

« La compagnie (1) étant la base première de l'orga-
» nisation, a été prise également pour base de l'élection;
» aussi, et c'est la première règle, les citoyens inscrits
» aux rôles des compagnies, les gardes du service ordi-
» naire prennent seuls part à l'élection. Ils seront, en
» effet, les seuls à obéir aux officiers qu'ils éliront, et
» il serait absurde autant qu'injuste d'admettre au droit
» électoral des citoyens qui ne figurent pas au contrôle
» et qui ne supportent pas les charges du service .»

Chaque compagnie élit ses officiers, ses sous-officiers, ses caporaux et ses délégués, dont il va être parlé plus bas.

### ART. 36.

Toutes les élections sont faites sous la présidence du maire, d'un adjoint ou d'un membre du

---

(1) Rapport de M. de Riancey.

conseil municipal, pris dans l'ordre du tableau, assisté de deux membres du conseil de recensement.

### ART. 37.

Les chefs de bataillon et le porte-drapeau sont élus par tous les officiers du bataillon et par un nombre égal de délégués nommés dans chaque compagnie.

Le suffrage n'est plus direct ; il est universel, mais à deux degrés.

Dans la législation de 1848, il était universel et direct pour la nomination des officiers désignés dans l'article 37. On est revenu au système de la loi de 1831.

Les délégués peuvent être choisis parmi les sous-officiers, caporaux et gardes nationaux faisant partie du service ordinaire.

### ART. 38.

Les chefs de légion et les lieutenants-colonels sont nommés par tous les officiers de la légion réunis aux délégués qui, aux termes de l'art. 37, concourent à la nomination des chefs de bataillon et porte-drapeau.

Le mode de nomination des chefs de bataillon et des porte-drapeau est appliqué aux colonels et lieutenants-colonels. Sous l'empire de la loi du 22 mars 1831, c'était le roi qui nommait ces officiers supérieurs, sur une liste de dix candidats dressée par les officiers et délégués.

Dans la législation de 1848, ils émanaient directement du suffrage universel à un seul degré.

## Art. 39.

Aucun officier supérieur n'est valablement élu qu'autant que plus de la moitié des électeurs ont concouru à l'élection, et qu'il a réuni plus de la moitié des suffrages exprimés.

On a vu plus haut que les gardes nationaux du service ordinaire concouraient seuls à l'élection ; de même, il a été juste de stipuler qu'en règle générale, les citoyens inscrits sur le contrôle du service ordinaire seraient seuls éligibles aux grades.

## Art. 40.

Les officiers, sous-officiers, caporaux et délégués ne peuvent être élus que parmi les citoyens inscrits au contrôle du service ordinaire.

Néanmoins, les anciens officiers de l'armée qui auraient usé de la dispense qui leur est accordée par l'art. 46, peuvent être élus ou nommés à des grades dans la garde nationale.

Les chefs de légion et les lieutenants-colonels peuvent être choisis :

Pour le département de la Seine, dans toute l'étendue du département ;

Pour les autres départements, dans la commune ou dans le canton, suivant que la légion est communale ou cantonnale.

Les chefs de bataillon et le porte-drapeau sont choisis :

A Paris et dans les communes où il existe plusieurs légions, dans la circonscription de la légion ;

Dans les autres communes ou cantons, dans la circonscription de la commune ou du canton, selon que le bataillon est communal ou cantonnal.

Les officiers de compagnie sont choisis dans la circonscription du bataillon, les sous-officiers et caporaux, dans la circonscription de la compagnie.

## ART. 41.

Les élections d'officiers, sous-officiers et caporaux de compagnie ne sont valables qu'autant que le tiers au moins des gardes nationaux inscrits y a pris part.

Si le nombre des votants est inférieur au tiers, les gardes nationaux seront convoqués de nouveau au jour fixé par le maire.

Si le nombre des votants est encore inférieur au tiers, les gardes nationaux sont convoqués une troisième fois, et l'élection est faite par les électeurs présents, quel que soit leur nombre.

Nous avons indiqué comme une cause de choix déplorables la négligence coupable d'un grand nombre de gardes nationaux quand il s'agit d'élections : ce danger n'a pas échappé à l'Assemblée; elle a pensé que plusieurs convocations auraient pour résultat de stimuler les électeurs, et elle a adopté les dispositions de l'art. 41. Espérons qu'enfin les gardes nationaux, mieux éclairés sur leurs véritables intérêts, rendront superflue l'application de cet article.

### ART. 42.

L'élection des capitaines a lieu successivement pour chaque emploi, au scrutin individuel et secret, et à la majorité absolue des suffrages.

Si l'effectif de la compagnie comporte plusieurs lieutenants ou sous-lieutenants, ces officiers sont élus par bulletins de liste, au scrutin secret, pour chaque grade, et à la majorité absolue des suffrages.

Après deux tours de scrutin, si la majorité absolue n'a été obtenue par aucun des candidats, ou ne l'a pas été par un nombre de candidats égal à celui des emplois à conférer, il est procédé à un scrutin de ballottage sur une liste double du nombre d'officiers restant à nommer, et comprenant les candidats qui ont obtenu le plus grand nombre de voix au second tour.

L'élection ne peut avoir lieu que sur cette liste.

Les lieutenants et sous-lieutenants prennent rang entre eux suivant l'ordre de leur nomination : d'après le nombre des suffrages obtenus, s'ils ont été nommés au même scrutin ; d'après l'âge, si deux ou plusieurs d'entre eux ont obtenu le même nombre de suffrages au même tour de scrutin.

Les délégués sont élus sur bulletins de liste, et à la majorité relative, immédiatement après les officiers.

Les sergents-majors et les fourriers sont élus sur bulletins individuels ; les sergents et caporaux sur bulletins de liste.

Dans les deux cas, l'élection a lieu à la majorité relative.

Aucun scrutin n'est fermé qu'après un appel et un réappel.

Les fonctions de délégués ne sont incompatibles qu'avec le grade d'officier. Un délégué peut être nommé sous-officier ou caporal, sans cesser d'être délégué.

### ART. 43.

Tout garde national ayant droit de participer à l'élection a le droit d'arguer les opérations de nullité. Si sa réclamation n'a pas été consignée au procès-verbal, elle est déposée au secrétariat de la mairie, dans les trois jours, à partir du jour de l'élection, à peine de déchéance, et jugée par le conseil de préfecture.

Le préfet ou le sous-préfet peut déférer au conseil de préfecture, dans le délai de quinze jours, à partir du jour où elles ont eu lieu, les élections dans lesquelles les conditions et les formalités légalement prescrites n'ont pas été observées.

## Art. 44.

Si les officiers ne sont pas, dans les deux mois de leur élection, complétement armés, équipés et habillés suivant l'uniforme, ils sont considérés comme démissionnaires et remplacés immédiatement.

Il n'est plus question d'équipement et d'habillement par les communes, comme sous l'empire de la législation du Gouvernement provisoire. Les communes qui voudront se charger de ces frais feront à cet égard ce qu'elles jugeront convenable.

## Art. 45.

Les officiers, sous-officiers et caporaux sont élus pour trois ans; toutefois, les officiers, sous-officiers et caporaux qui, dans le cours de la période triennale, transportent leur domicile dans une autre commune ou dans une circonscription autre que celle où leur grade leur avait été conféré, sont remplacés.

Peuvent être également remplacés dans leur grade, en vertu d'une décision du conseil de recensement, les officiers, sous-officiers et caporaux dont l'absence s'est prolongée au delà de six mois sans dispense temporaire de service régulièrement accordée.

Ces circonscriptions sont indiquées dans l'art. 40.

## ART. 46.

Les officiers, sous-officiers et caporaux sont toujours rééligibles.

## ART. 47.

Les officiers, sous-officiers et caporaux, élus par suite de vacance, ne sont nommés que pour le temps pendant lequel ceux qu'ils remplacent devaient encore exercer leurs fonctions.

C'est-à-dire que les élections partielles ne confèrent le grade que jusqu'aux élections générales.

## ART. 48.

Les élections générales doivent être terminées dans les six mois qui suivent l'expiration de la période triennale pour laquelle les grades sont conférés. Des décrets du président de la République en fixent les époques.

## ART. 49.

Les officiers, sous-officiers et caporaux restent en fonctions jusqu'à la reconnaissance de ceux qui les remplacent.

Un officier démissionnaire doit, sous les peines de droit, le service jusqu'à son remplacement.

## ART. 50.

Tout officier de la garde nationale peut être suspendu de ses fonctions pendant deux mois, par arrêté motivé du préfet, pris en conseil de préfecture, sur l'avis du maire et du sous-préfet, l'officier préalablement entendu dans ses observations.

La suspension peut être prolongée par un décret du président de la République.

Si, dans le cours d'une année, l'officier n'a pas été rendu à ses fonctions, il est procédé à une nouvelle élection.

L'officier suspendu n'est rééligible qu'aux élections générales.

« Malgré les soins du législateur (1), il peut se ren-
» contrer dans le corps des officiers quelques exceptions
» (elles seront rares, nous l'espérons) qui donnent au
» gouvernement de justes sujets d'alarme ou de blâme,
» et cela, toutefois, sans tomber sous le coup de la ju-
» ridiction disciplinaire. Le maintien de l'ordre et de
» la sécurité publique sont surtout confiés au pouvoir
» exécutif. Nous avons dû, dans l'intérêt supérieur de
» la paix et par respect pour la liberté de son action
» politique, l'armer, sous sa responsabilité, d'un droit
» étendu de suspension à l'égard des officiers qu'il ne
» croirait pas pouvoir laisser sans danger à la tête de
» la garde nationale. »

### Art. 51.

Dans les communes où la garde nationale forme plusieurs légions, elle peut être placée sous les ordres d'un commandant supérieur nommé par le président de la République.

L'art. 64 de la Constitution attribue cette nomination au pouvoir exécutif.

### Art. 52.

Les officiers de l'état-major du commandant supérieur sont nommés par le président de la Ré-publique.

---

(1) Rapport de M. de Riancey.

## Art. 53.

Les chirurgiens-majors, les aides-majors et autres officiers de santé sont nommés par le président de la République.

Il en est de même des majors et des adjudants-majors.

L'adjudant-sous-officier est nommé par le chef de légion ou de bataillon.

Le capitaine d'armement est nommé par le commandant supérieur ou le préfet, sur une double présentation faite par le maire et le chef de corps.

Après 1848, les chirurgiens ont été nommés par une partie des officiers, réunis aux médecins de la circonscription.

## Art. 54.

Il sera nommé aux emplois autres que ceux désignés ci-dessus, sur la présentation du chef de corps, par le maire, ou, si les gardes communales sont réunies en bataillon, par le sous-préfet.

## Art. 55.

Ces officiers devront avoir leur résidence dans la circonscription de la légion, du bataillon et de la compagnie, selon leur rang.

## Art. 56.

Les officiers et sous-officiers rapporteurs et secrétaires des conseils de discipline sont choisis par le sous-préfet, sur des listes de trois candidats désignés par le chef de corps.

Ils sont nommés pour trois ans et peuvent être réélus.

Le préfet, sur le rapport des maires et des chefs de corps, pourra les révoquer : il sera immédiatement pourvu à leur remplacement par le mode ci-dessus indiqué.

## Art. 57.

Les militaires des armées de terre et de mer placés dans une des positions énumérées à l'art. 8 de la présente loi, ne peuvent être appelés dans la garde nationale à aucun autre emploi que ceux de commandant supérieur et de chef d'état-major.

## SECTION VI.

### Des Armes et de l'Uniforme.

## Art. 58.

Les communes sont responsables, sauf leur recours contre les gardes nationaux, des armes que le gouvernement a jugé nécessaire de leur délivrer; ces armes restent la propriété de l'État.

L'entretien de l'armement est à la charge du garde national ; les réparations, en cas d'accident causé par le service, sont à la charge de la commune.

Les gardes nationaux détenteurs d'armes appartenant à l'État qui ne présentent pas ou ne font pas présenter ces armes aux inspections générales annuelles prescrites par les règlements, peuvent être condamnés à une amende de 1 fr. au moins et de 5 francs au plus, au profit de la commune.

Cette amende est prononcée et recouvrée comme en matière de police municipale.

Il est de principe, en France, que l'armement est l'affaire de l'État. La loi du 24 mai 1834 contient des dispositions sévères contre les détenteurs d'armes ou de munitions de guerre ; nul ne peut posséder des armes de guerre, elles sont la propriété de l'État qui les confie aux gardes nationaux, à la charge par eux de les entretenir en bon état et de les représenter à toute réquisition.

En cas de perte d'armes par les gardes nationaux, c'est à la diligence du maire que, doit être exercé contre eux le recours tendant à leur en faire payer le prix.

### Art. 59.

L'uniforme est obligatoire pour tous les officiers.

Il est obligatoire pour tous les sous-officiers, caporaux et gardes nationaux des chefs-lieux de département et d'arrondissement, et pour toutes les communes qui ont une population agglomérée de plus de 3,000 âmes.

Il peut être rendu obligatoire dans les autres communes, de l'avis du conseil municipal, par décret du président de la République.

L'uniforme est déterminé par des décrets du président de la République.

## SECTION VII.

### *Des Préséances.*

### Art. 60.

Les diverses armes dont se compose la garde nationale sont assimilées, quant aux préséances, aux armes correspondantes de l'armée.

Les sapeurs-pompiers sont assimilés aux sapeurs-mineurs.

Néanmoins, quand la garde nationale est réunie, les différentes armes doivent prendre la place qui leur est assignée par l'officier qui commande.

## ART. 61.

Dans tous les cas où les gardes nationales sont de service avec les corps soldés, elles prennent le rang sur eux.

Le commandement, dans les fêtes ou cérémonies, appartient à celui des officiers des divers corps qui a la supériorité du grade; à grade égal, à celui qui est le plus ancien, et à égalité d'ancienneté, au plus âgé.

Tous les officiers nommés pour la première fois ou promus aux élections générales, sont réputés avoir été élus le même jour.

L'ancienneté de grade est comptée aux officiers, sous-officiers et caporaux de la garde nationale, de l'époque à partir de laquelle ils ont été, sans aucune interruption, en possession de leur grade.

### SECTION VIII.

*Des Dépenses de la Garde nationale.*

## ART. 62.

Les dépenses de la garde nationale sont votées, réglées et surveillées comme toutes les autres dépenses municipales.

## ART. 63.

Les dépenses de la garde nationale sont obligatoires ou facultatives.

Les dépenses obligatoires sont :

1° Les frais d'achats de drapeaux, tambours et trompettes ;

2° Les réparations, l'entretien et le prix des armes, sauf recours contre les gardes nationaux, aux termes de l'art. 58 ;

3° Le loyer, l'entretien, le chauffage, l'éclairage et le mobilier des corps-de-garde ;

4° Les frais de registres, papiers, contrôles, billets de garde et tous les menus frais de bureaux qu'exige le service de la garde nationale ;

5° La solde et l'habillement des tambours et trompettes, dans les communes où l'uniforme est obligatoire.

Toutes autres dépenses sont facultatives.

### ART. 64.

Lorsqu'il est créé des bataillons cantonnaux, la répartition de la portion afférente à chaque commune du canton, dans les dépenses obligatoires du bataillon, autres que celles des compagnies, est faite par le préfet, en conseil de préfecture, après avoir pris l'avis des conseils municipaux.

Cette répartition a lieu proportionnellement à la population de chaque commune, et à son contingent dans le principal des quatre contributions directes.

Toutes les dispositions des articles ci-dessus sont extraites de la loi du 22 mars 1831.

## ART. 65.

Il y a, dans chaque légion ou chaque bataillon formé par les gardes nationaux d'une même commune, un conseil d'administration chargé de présenter annuellement au maire l'état des dépenses nécessaires pour le service de la garde nationale, et de viser les pièces justificatives de l'emploi des fonds.

Il y a également, par bataillon cantonnal, un conseil d'administration chargé des mêmes fonctions, et qui doit présenter au sous-préfet l'état des dépenses du bataillon.

La composition de ces conseils est déterminée par un règlement d'administration publique.

## ART. 66.

Dans les communes où la garde nationale comprend une ou plusieurs compagnies non réunies en bataillon, l'état des dépenses est soumis au maire par le commandant.

Pour les corps spéciaux, l'état des dépenses sera présenté par le commandant de la garde nationale, après avoir pris l'avis du commandant de ce corps.

# TITRE III.

## Du service ordinaire de la Garde nationale.

### ART. 67.

Le règlement relatif au service ordinaire, aux revues, exercices et prises d'armes, est arrêté :

Pour le département de la Seine, par le ministre de l'intérieur, sur la proposition du commandant supérieur, de l'avis du préfet de la Seine ;

Pour les villes et communes des autres départements, par le maire, sur la proposition du commandant de la garde nationale, et sous l'approbation du sous-préfet.

Les chefs pourront, en se conformant à ce règlement, et sans réquisition particulière, mais après en avoir prévenu l'autorité municipale, faire toutes les dispositions et donner tous les ordres relatifs au service ordinaire, aux revues et aux exercices.

Lorsque le service de place est fait en commun par les postes de la garde nationale et de la troupe de ligne, la surveillance reste séparée, excepté dans les cas prévus par le paragraphe 3 de l'art. 4 de la présente loi.

Dans les villes de guerre, la garde nationale ne

peut prendre les armes, ni sortir des barrières, qu'après que le maire en a informé, par écrit, le commandant de la place.

Le tout, sans préjudice de ce qui est réglé par les lois spéciales pour l'état de guerre et l'état de siége dans les places.

## ART. 68.

Lorsque la garde nationale est organisée en bataillons cantonnaux et en légions, le règlement sur les exercices est arrêté par le sous-préfet, de l'avis des maires des communes, et sur la proposition du commandant pour chaque bataillon isolé, et du chef de légion pour les bataillons réunis en légion.

## ART. 69.

Le préfet peut suspendre les revues et exercices dans les communes et dans les cantons, à la charge d'en rendre immédiatement compte au ministre de l'intérieur.

## ART. 70.

Tout garde national commandé pour le service doit obéir, sauf à réclamer ensuite, s'il s'y croit fondé, devant le chef de corps.

Les quatre articles précédents sont extraits, en grande partie, de la loi de 1831.

# TITRE IV.

## De la Discipline.

### SECTION PREMIÈRE.

### *Des Peines.*

### ART. 71.

Les chefs de poste ou de détachement peuvent ordonner :

1° Une faction, patrouille ou autre service hors tour, contre tout garde national qui a manqué à l'appel ou s'est absenté du poste sans autorisation ;

2° La détention dans la prison du poste, jusqu'à la relevée de la garde, de tout sous-officier, caporal ou garde national de service en état d'ivresse, ou qui s'est rendu coupable de bruit, tapage, voies de fait ou de provocation au désordre ou à la violence, sans préjudice du renvoi au conseil de discipline, si la faute emporte une punition plus grave.

Une grande partie de ce titre a été prise dans la loi du 22 mars 1831. La Commission paraît s'être inspirée

des motifs qui avaient dicté cette loi : « Une (1) con-
» fiance exagérée dans le sentiment d'honneur et de
» dévouement de tous les individus qui composent une
» population nombreuse, serait une utopie, contredite
» par l'expérience de tous les jours. On peut demander
» beaucoup à la garde nationale, dans les temps de
» crise : il faut lui demander fort peu dans un état de
» choses paisible et régulier. »

» La loi (2) établit deux pouvoirs disciplinaires : ce-
» lui du *chef de poste* ou de détachement, à la tête de
» ses subordonnés ; celui d'un *conseil de discipline.*

» Il faut que l'autorité des commandants soit ap-
» puyée d'une répression immédiate, dans des cas im-
» minents ou peu graves. Alors, une faction, une pa-
» trouille hors de tour, suffisent à réprimer des fautes
» légères ; de même que s'il y a provocation immédiate
» au désordre, trouble trop éclatant, une détention dans
» la prison du poste et jusqu'à la relevée de la garde,
» portera remède aux voies de fait et aux violences.

» Hormis ces cas, l'officier doit renvoyer devant le
» *conseil de discipline.* »

## ART. 72.

Les conseils de discipline peuvent infliger les
peines suivantes :

1° La réprimande ;

---

(1) M. de Saint-Aulaire, rapporteur à la Chambre des pairs.
(2) Rapport de M. de Riancey.

2° La réprimande avec mise à l'ordre des motifs du jugement ;

3° La prison pour six heures au moins et trois jours au plus, avec ou sans mise à l'ordre;

4° La privation du grade, avec mise à l'ordre ;

5° La radiation des contrôles, avec mise à l'ordre.

S'il n'existe dans la commune ni prison spéciale pour l'exécution des jugements du conseil de discipline, ni local en tenant lieu, la peine de la prison est remplacée par une amende de 1 franc à 15 francs, au profit de la commune du contrevenant.

La radiation avec mise à l'ordre est une disposition nouvelle qu'on a critiquée comme devant avoir peu d'efficacité. Nous partageons, à cet égard, l'avis de la Commission qui, sur cette radiation, s'exprime ainsi (1) :

« En ce qui touche la radiation facultative des con-
» trôles, de deux choses l'une : ou elle tombera sur un
» garde national qui tient encore à l'honneur de conser-
» ver les armes que la patrie lui a confiées, et assuré-
» ment ce ne sera pas une peine sans valeur, et d'ailleurs
» l'utilité comminatoire du châtiment sera véritablement
» atteinte; ou elle tombera sur un garde national qui

---

(1) Rapport de M. de Riancey.

» n'a d'autre désir que de se soustraire au service, et
» assurément la compagnie de laquelle il sera exclu ne
» fera pas une grande perte en se privant d'un tel récal-
» citrant. »

Il est utile d'ajouter que cette radiation n'empêche pas d'autres poursuites contre les récalcitrants ; ils peuvent être traduits devant le tribunal de police correctionnelle, condamnés à vingt jours de prison et à 100 f. d'amende.

## ART. 73.

Est puni, selon la gravité des cas, de l'une des peines énoncées sous les numéros 1, 2, 3 et 4 de l'article précédent, tout officier qui, étant de service ou eu uniforme, tient une conduite qui compromet son caractère ou porte atteinte à l'honneur de la garde nationale.

Est pnni de l'une des mêmes peines, selon la gravité des cas, tout officier ou chef de poste qui commet une infraction aux règles du service, à la discipline ou à l'honneur de la garde nationale, et notamment, qui contrevient à l'art. 5 de la présente loi.

Disposition parfaitement justifiée par les abus d'uniforme dont nous avons été les témoins.

## ART. 74.

Est puni de la prison tout officier ou sous-officier, chef de poste ou de détachement, **qui,** étant de service, s'est rendu coupable :

D'inexécution d'ordres reçus ou d'infraction à l'art. 6 de la présente loi;

De manquement à un service commandé ou d'absence du poste non autorisée;

D'inexactitude à signaler dans les formes requises les fautes commises par ses subordonnés;

De désobéissance;

D'insubordination;

De manque de respect, de propos offensants ou d'insultes envers les officiers d'un grade supérieur;

De propos outrageants envers un subordonné ou d'abus d'autorité.


L'art. 6 est relatif à la distribution de cartouches, hors les cas prévus par la loi, sans préjudice, bien entendu, des poursuites criminelles ou correctionnelles qui peuvent être exercées contre ceux qui auraient profité de leur grade pour commettre des crimes ou délits du droit commun. La loi ne s'occupe que d'infractions à la discipline.

### ART. 75.

Dans le cas où l'ordre public est menacé, tout garde national qui, sans excuse légitime, ne se rend pas à l'appel, est puni d'un emprisonnement qui ne pourra excéder trois jours.

Tout officier, sous-officier ou caporal est, en outre, privé de son grade.

Le jugement est mis à l'ordre.

Le conseil de discipline peut, de plus, prononcer contre les condamnés la radiation des contrôles du service ordinaire pour un temps qui n'excédera pas cinq années, et ordonner l'affiche du jugement à leurs frais.

Tout garde national rayé des contrôles du service ordinaire est immédiatement désarmé.

L'art. 20 de la loi du 14 juillet 1837 considérait aussi comme service obligatoire les prises d'armes pour service d'ordre et de sûreté annoncées par voie de rappel; la nouvelle loi contient une disposition dont l'expérience a démontré la nécessité: c'est le désarmement de ceux qui refusent de marcher contre les ennemis de l'ordre public.

### ART. 76.

Peut être puni, selon la gravité des cas, de la réprimande, de la réprimande avec mise à l'ordre, ou de la prison pour deux jours au plus, et trois en cas de récidive :

1° Tout sous-officier, caporal ou garde national coupable d'inexécution des ordres reçus, de désobéissance, d'insubordination ou de refus d'un service commandé ;

Sont considérés comme services commandés, non-seulement les services commandés dans la forme ordinaire, mais encore les prises d'armes par voie de rappel ou de convocation verbale;

2° Tout sous-officier, caporal ou garde national de service qui est en état d'ivresse, profère des propos offensants contre l'autorité, ou tient une conduite qui porte atteinte à la discipline ou à l'ordre;

3° Tout sous-officier, caporal ou garde national de service qui abandonne ses armes, sa faction ou son poste avant d'être relevé;

L'arrivée tardive au lieu de rassemblement, l'absence du poste sans autorisation, et l'absence prolongée au delà du terme fixé par l'autorisation, peuvent être considérées comme abandon du poste;

4° Tout sous-officier, caporal ou garde national qui enfreint l'art. 5 de la présente loi;

5° Tout sous-officier, caporal ou garde national dont l'armement est mal entretenu, ou qui ne fait pas son service en uniforme, dans les communes où l'uniforme est obligatoire.


L'article précédent punit le port d'uniforme comme une infraction, lorsqu'on n'est pas de service.

## Art. 77.

Les infractions commises par les officiers de l'état-major général, par les majors, adjudants-majors et les adjudants-sous-officiers, sont punies des peines suivantes :

Les arrêts simples ;

Les arrêts forcés avec remise d'armes.

En aucun cas, ces arrêts n'excèdent dix jours.

Les arrêts simples peuvent être appliqués par le supérieur à l'inférieur.

Les arrêts forcés ne sont prononcés que par le commandant supérieur ou le chef du corps.

Les officiers et sous-officiers désignés dans l'article précédent ne tiennent pas leur grade de l'élection ; ils sont, comme on le voit, soumis à une discipline plus sévère ; quelques-uns sont soldés.

## Art. 78.

Pour les infractions prévues par l'art. 76 de la présente loi, les tambours-majors, tambours-maîtres, tambours et trompettes soldés peuvent être punis, par tout officier sous les ordres duquel ils se trouvent, de la prison pour un temps qui n'excèdera pas trois jours.

Dans les communes et les cantons où la garde

nationale est formée en légion ou en bataillon, cette peine peut être, selon les circonstances, élevée jusqu'à dix jours de prison par le chef de légion ou le chef de bataillon.

### ART. 79.

Est privé de son grade par le jugement de condamnation tout officier, sous-officier ou caporal qui, après une première condamnation, est, dans les douze mois, puni de la prison, pour une seconde infraction, par le conseil de discipline.

### ART. 80.

Tout officier, sous-officier ou caporal privé de son grade par jugement ne peut être réélu qu'aux élections générales.

Est-il besoin de montrer combien la discipline aurait à souffrir et serait compromise s'il en était autrement, et s'il était permis aux gardes nationaux d'une compagnie de réformer les décisions de la justice?

### ART. 81.

Le garde national qui vend, détourne ou détruit volontairement les armes de guerre, les munitions ou les effets d'équipement qui lui ont été confiés, est traduit devant le tribunal de police correctionnelle et puni de la peine portée en l'art. 408 du

Code pénal, sauf l'application de l'art. 463 du même Code.

Le jugement de condamnation prononce la restitution, au profit de la commune, du prix des armes, munitions ou effets.

L'art. 408 du Code pénal porte contre les auteurs de détournements la peine de deux mois à deux ans d'emprisonnement et 25 francs d'amende.

L'art. 463 du même Code est relatif à l'admission des circonstances atténuantes.

### ART. 82.

Tout garde national qui, dans l'espace d'une année, a subi deux condamnations du conseil de discipline, peut être, par le jugement qui prononce la seconde condamnation, rayé des contrôles du service ordinaire, pour deux années au plus, avec mise à l'ordre.

### ART. 83.

Après deux condamnations pour refus de service, le garde national est, en cas de troisième refus de service dans l'année, traduit devant le tribunal de police correctionnelle, et condamné à un emprisonnement qui ne peut être moindre de six jours ni excéder dix jours.

En cas de récidive dans l'année, à partir du jugement correctionnel, le garde national est traduit de nouveau devant le tribunal de police correctionnelle, et puni d'un emprisonnement qui ne peut être moindre de dix jours, ni excéder vingt jours.

Il est, en outre, condamné aux frais et à une amende qui ne peut être moindre de 16 francs, ni excéder 30 francs dans le premier cas, et, dans le deuxième, être moindre de 30 francs, ni excéder 100 francs.

## ART. 84.

Dans le cas où un chef de corps, poste ou détachement est poursuivi, devant les tribunaux, comme coupable des délits prévus par les art. 234 et 258 du Code pénal, la poursuite entraîne la suspension ; en cas de condamnation, le jugement prononce la perte du grade.

Voici le texte de l'art. 234 du Code pénal mentionné dans l'article précédent :

« Tout commandant, tout officier ou sous-officier de
» la force publique qui, après en avoir été légalement
» requis par l'autorité civile, aura refusé de faire agir
» la force à ses ordres, sera puni d'un emprisonnement
» d'un mois à trois mois, sans préjudice des réparations
» civiles qui pourraient être dues, aux termes de l'arti-
» cle 10 du présent Code. »

Voici maintenant le texte de l'art. 258 du même Code :

« Quiconque, sans titre, se sera immiscé dans des
» fonctions publiques, civiles ou militaires, ou aura fait
» les actes d'une de ces fonctions, sera puni d'un em-
» prisonnement de deux à cinq ans, sans préjudice de la
» peine de faux, si l'acte porte le caractère de ce crime.»

## SECTION II.

### *Des Conseils de Discipline.*

### ART. 85.

Il y a un conseil de discipline :

1º Par bataillon communal ou cantonnal ;

2º Par commune ayant une ou plusieurs compagnies non réunies en bataillon ;

3º Par compagnie formée de gardes nationaux
de plusieurs communes.

### ART. 86.

Dans les villes qui comprennent une ou plusieurs légions, il y a un conseil de discipline pour
juger les colonels et lieutenants-colonels.

### ART. 87.

Le conseil de discipline de la garde nationale
d'une commune ayant une ou plusieurs compa-

gnies non réunies en bataillon, et celui d'une compagnie formée de gardes nationaux de plusieurs communes, sont composés de cinq juges, savoir :

Un capitaine, président ; un lieutenant ou un sous-lieutenant, un sergent, un caporal et un garde national.

### ART. 88.

Le conseil de discipline de bataillon est composé de sept juges, savoir : le chef de bataillon, président ; un capitaine, un lieutenant ou un sous-lieutenant, un sergent, un caporal et deux gardes nationaux.

### ART. 89.

Le conseil de discipline pour les colonels et lieutenants-colonels est composé de sept juges, savoir :

Pour les légions non réunies sous un commandant supérieur,

D'un chef de légion, désigné par le sort, parmi ceux des cinq légions les plus voisines, président ;

Deux chefs de légion ou deux lieutenants-colonels, suivant le grade du prévenu, désignés selon le mode indiqué dans le paragraphe précédent ;

Deux chefs de bataillon ;

Deux capitaines.

Dans le département de la Seine et dans les villes où il existe un commandant supérieur :

Le commandant supérieur, président ;

Deux colonels ou lieutenants-colonels ;

Deux chefs de bataillon ou d'escadron ;

Deux capitaines.

Le commandant supérieur peut déléguer un colonel pour le remplacer comme président.

### ART. 90.

Lorsque l'inculpé est officier, deux officiers de son grade entrent dans le conseil de discipline en remplacement des deux derniers membres.

Si l'inculpé est chef de bataillon, trois officiers de ce grade entrent dans le conseil de discipline, le plus ancien comme président, et les deux autres comme juges, en remplacement des deux derniers membres.

Dans ce cas, comme lorsqu'il y a lieu de compléter le conseil institué par les art. 86 et 89, le sous-préfet, s'il n'y a pas dans la commune ou dans le ressort du conseil de discipline un nombre suffisant d'officiers du grade de l'inculpé, désigne, par la voie du sort, parmi les officiers du canton, et, s'il ne s'en trouve pas dans le canton, parmi ceux de l'arrondissement, les juges qui doivent compléter le conseil de discipline. A défaut, le préfet les désigne, par la voie du sort, parmi les officiers du département; ou, s'il ne s'en trouve pas du grade voulu dans le département, parmi les officiers des départements voisins.

ART. 91.

Il y a, par conseil de discipline de bataillon ou de légion, un rapporteur et un secrétaire, et autant de rapporteurs et de secrétaires adjoints que les besoins du service l'exigent. Leur nombre, leur rang et le mode de leur nomination sont déterminés par des décrets du président de la République.

ART. 92.

Les conseils de discipline sont permanents ; ils ne peuvent juger que lorsque cinq membres, au moins, sont présents dans les conseils de bataillon et de légion, et trois membres au moins dans les conseils de compagnie.

Les juges sont renouvelés tous les quatre mois; néanmoins, à défaut d'autres officiers du même grade, ceux qui en font partie ne sont pas remplacés.

ART. 93.

Les membres des conseils de discipline sont pris successivement suivant l'ordre de leur inscription sur un tableau dressé par le président du conseil de recensement, assisté du chef de batail-

lon ou du capitaine commandant, si les compagnies ne sont pas réunies en bataillon.

Ce tableau comprend, d'après le contrôle du
service ordinaire, par grade et par ancienneté :
1° tous les officiers, la moitié des sous-officiers, le
quart des caporaux ; 2° un nombre égal de gardes
nationaux de chaque bataillon, ou des compagnies
de la commune, ou de la compagnie formée de
plusieurs communes.

Pour les conseils de discipline créés par l'article 86, le préfet ou le sous-préfet dresse un tableau,
par grade, des colonels, lieutenants-colonels, chefs
de bataillon ou d'escadron et capitaines.

Les tableaux prévus aux deux paragraphes précédents sont déposés au lieu des séances du conseil
de discipline, ou chaque garde national peut en
prendre connaissance.

## ART. 94.

Lorsque la garde nationale d'une commune ou
d'un canton n'a qu'un seul conseil de discipline,
les gardes nationaux faisant partie des armes spéciales sont justiciables de ce conseil.

S'il y a plusieurs bataillons dans le même canton, les gardes nationaux des armes spéciales sont
justiciables du même conseil de discipline que les
compagnies de leur commune.

S'il y a plusieurs bataillons dans la même commune, le préfet détermine de quel conseil de discipline ces gardes nationaux sont justiciables.

Dans ces trois cas, les officiers, sous-officiers, caporaux et gardes nationaux des armes spéciales concourent pour la formation du tableau du conseil de discipline.

### ART. 95.

Tout garde national qui a été condamné deux fois par le conseil de discipline ou une fois par le tribunal de police correctionnelle, est rayé pour une année du tableau servant à former le conseil de discipline.

Il y aurait danger pour la discipline à donner comme juges à des gardes nationaux récalcitrants des hommes qui seraient disposés à user à leur égard de la plus grande indulgence, puisqu'ils auraient à statuer sur des infractions qu'ils seraient eux-mêmes habitués à commettre.

### SECTION III.

### *De l'Instruction et des Jugements.*

### ART. 96.

Le conseil de discipline est saisi, par le renvoi que lui fait le chef de corps, de tous les rapports, procès-verbaux ou plaintes constatant les faits qui peuvent donner lieu à une poursuite.

Lorsqu'il y a aura lieu à poursuite contre le chef de corps, le conseil de discipline sera saisi par le préfet.

Cet article et les suivants règlent la procédure ; la simple lecture de leur texte suffit pour en faire bien comprendre les dispositions.

### Art. 97.

L'officier rapporteur fait citer l'inculpé.

La citation est portée à domicile par un agent de la force publique. Si cet agent appartient à un corps soldé, il ne peut être employé que sur la réquisition de l'autorité municipale.

### Art. 98.

En cas d'absence, tout membre du conseil de discipline non valablement excusé est condamné par le conseil de discipline à une amende de 5 fr. à 15 fr. au profit de la commune du contrevenant, et il est remplacé par l'officier, sous-officier, caporal ou garde national qui doit être appelé immédiatement après lui.

Dans les conseils de discipline des bataillons cantonaux, le juge absent est remplacé, d'après l'ordre du tableau, par un officier, sous-officier, caporal ou garde national du lieu où siége le conseil.

### ART. 99.

Le garde national cité comparaît en personne ou par un fondé de pouvoirs.

Il peut être assisté d'un conseil.

### ART. 100.

Si le prévenu ne comparaît pas au jour et à l'heure fixés par la citation, il est jugé par défaut.

L'opposition au jugement par défaut doit être formée dans le délai de trois jours, à compter de la notification du jugement. Cette opposition peut être faite par déclaration au bas de la signification. L'opposant est cité pour comparaître à la plus prochaine séance du conseil de discipline.

S'il n'y a pas opposition, ou si l'opposant ne comparaît pas à la séance indiquée, le jugement par défaut devient définitif.

### ART. 101.

L'instruction de chaque affaire, devant le conseil, est publique, à peine de nullité.

La police de l'audience appartient au président, qui peut faire expulser ou arrêter quiconque troublerait l'ordre.

Si le trouble est causé par un délit, il est dressé

procès-verbal par le secrétaire, sur l'ordre du président.

L'auteur du trouble est jugé immédiatement par le conseil, si c'est un garde national et si la faute n'emporte qu'une peine que le conseil puisse prononcer.

Dans tout autre cas, le procès-verbal est transmis au procureur de la République, et, s'il y a lieu, le délinquant est mis à la disposition de ce magistrat.

### ART. 102.

L'instruction devant le conseil a lieu de la manière suivante :

Le secrétaire appelle l'affaire.

En cas de récusation, le conseil statue. Si la récusation est admise, le président appelle, selon les règles établies par l'art. 98, les juges suppléants nécessaires pour compléter le conseil.

Si le prévenu décline la juridiction du conseil de discipline, le conseil statue d'abord sur sa compétence ; s'il se déclare incompétent, l'affaire est renvoyée devant qui de droit.

Les témoins, s'il en a été appelé par le rapporteur ou l'inculpé, sont entendus, après avoir prêté le serment prescrit par l'art. 155 du Code d'instruction criminelle.

En cas de non-comparution, tout témoin non

valablement excusé est condamné, par le conseil de discipline, à une amende de 1 franc au moins et de 15 francs au plus.

Le prévenu ou son conseil est entendu.

Le rapporteur donne ses conclusions.

L'inculpé ou son fondé de pouvoirs et son conseil peuvent présenter leurs observations.

Le conseil délibère en secret et hors de la présence du rapporteur ; le jugement est motivé ; il est prononcé en séance publique, et signé du président et du secrétaire du conseil.

L'art. 155 du Code d'instruction criminelle est ainsi conçu :

« Les témoins feront à l'audience, sous peine de nul-
» lité, le serment de dire toute la vérité, rien que la
» vérité ; le greffier en tiendra note, ainsi que de leurs
» nom, prénoms, âge, profession et demeure, et de
» leurs principales déclarations. »

ART. 103.

Les mandats d'exécution de jugement des conseils de discipline sont délivrés dans la même forme que ceux des tribunaux de simple police.

Toutefois, les agents de la force publique n'ont droit à aucune espèce d'indemnité pour la notification de même que pour l'exécution forcée des

jugements emportant la peine de l'emprisonnement.

## Art. 104.

Il n'y a de recours contre les jugements défini-
tifs des conseils de discipline que devant la cour
de cassation , pour incompétence , excès de pouvoirs ou violation de la loi.

Le pourvoi en cassation est suspensif à l'égard
des jugements prononçant soit l'emprisonnement,
soit une autre peine avec mise à l'ordre , dans les
cas prévus par les nos 2, 4 et 5 de l'art. 72.

Le condamné est dispensé de la mise en état.

Dans tous les cas, ce recours n'est assujetti qu'à
l'amende de 50 francs pour les jugements con-
tradictoires , et de 25 francs pour les jugements
par défaut.

L'amende sera déposée dans les dix jours du
pourvoi, sous peine de déchéance.

## Art. 105.

Le condamné a trois jours francs , à partir du
jour de la notification, et le rapporteur a le même
délai, à partir de la prononciation du jugement,
pour se pourvoir en cassation.

## Art. 106.

Les jugements des conseils de discipline ne

peuvent, en aucun cas, prononcer de condamnation aux dépens.

Tous actes de poursuite devant les conseils de discipline, tous jugements, recours et arrêts rendus en vertu de la présente loi, sont dispensés du timbre et enregistrés gratis.

# TITRE V.

## Des Détachements de la Garde nationale.

---

### SECTION PREMIÈRE.

*Appel et Service des Détachements.*

### ART. 107.

La garde nationale doit fournir des détachements :

1° En cas d'insuffisance de la gendarmerie et de la troupe de ligne, pour escorter, d'une ville à l'autre, les convois de poudre, de fonds ou d'effets appartenant à l'Etat, et pour la conduite des accusés, des condamnés et autres prisonniers ;

2° Pour porter secours aux communes, arrondissements et départements voisins qui seraient troublés ou menacés par des émeutes, des séditions ou par des associations de malfaiteurs ;

3° Pour porter secours d'un lieu dans un autre pour le maintien ou le rétablissement de l'ordre et de la paix publique.

« Si la commune (1) est le centre de nos affections et
» de nos devoirs, il ne faut pas cependant exagérer jus-
» qu'à l'égoïsme le sentiment que nous lui portons. Il
» est bien des cas où les liens de voisinage, d'assistance
» et de secours, sans s'étendre encore jusqu'à la patrie
» entière, nous rapprochent des communes qui nous
» environnent, et nous attachent à elles par une com-
» munauté d'intérêts qui nous commande une récipro-
» cité de bons offices.

» Il se peut, en second lieu, qu'au nom d'un intérêt
» public l'État ait besoin, dans l'insuffisance de l'armée
» de ligne et de la gendarmerie, d'un concours plus ou
» moins considérable de la garde nationale d'un certain
» nombre de communes. »

## Art. 108.

Lorsque, dans les cas prévus par l'article pré-
cédent, des détachements de la garde nationale en service ordinaire doivent agir dans toute l'étendue de l'arrondissement, ils sont mis en mouvement

______

(1) Rapport de M. de Riancey.

sur la réquisition du sous-préfet, et, s'ils doivent agir dans toute l'étendue du département, sur la réquisition du préfet ; si leur action doit s'étendre hors du département, ils sont mis en mouvement en vertu d'un décret du président de la République.

Les contingents communaux sont réunis par canton, et les contingents cantonaux par arrondissement, sous le commandement d'un officier supérieur en grade aux commandants particuliers des détachements communaux et cantonaux ; cet officier est désigné par le préfet ou le sous-préfet.

Un officier général ou supérieur de la garde nationale est investi, par le préfet, du commandement supérieur de la réunion des détachements de tout un département.

En cas d'urgence et sur la demande écrite du maire d'une commune en danger, les maires des communes limitrophes, sans distinction de département, peuvent requérir un détachement de la garde nationale de marcher immédiatement sur le point menacé, sauf à rendre compte, dans le plus bref délai, du mouvement et des motifs à l'autorité supérieure.

Dans tous ces cas, l'autorité militaire ne prend le commandement des détachements de la garde nationale que sur la réquisition de l'autorité administrative.

## ART. 109.

L'acte en vertu duquel, dans les cas déterminés par les deux articles précédents, la garde nationale est appelée à faire un service de détachement, fixe le nombre des hommes requis.

## ART. 110.

Lors de l'appel fait conformément aux articles précédents, le maire, assisté du commandant de la garde nationale de chaque commune, désigne parmi les hommes inscrits sur le contrôle du service ordinaire, ceux qui devront faire partie du détachement, en commençant par les célibataires et les moins âgés.

La loi ne laisse rien à l'arbitraire. Elle indique elle-même l'ordre dans lequel seront appelés les citoyens désignés pour faire partie d'un détachement.

## ART. 111.

Lorsque les détachements des gardes nationales s'éloignent de leurs communes pendant plus de vingt-quatre heures, ils sont assimilés à la troupe de ligne pour la solde, l'indemnité de route et les prestations en nature.

## Art. 112.

Les détachements à l'intérieur ne peuvent être requis de faire, hors de leurs foyers, un service de plus de dix jours, que sur la réquisition du sous-préfet ; un service de plus de vingt jours, que sur la réquisition du préfet ; et un service de plus de soixante jours, qu'en vertu d'un décret du président de la République.

On ne peut, en effet, arracher des citoyens à leurs affaires, pour un assez long délai, sans que la gravité des circonstances le commande : aussi voit-on que suivant la plus grande durée présumée de l'absence, la réquisition doit être faite par des fonctionnaires d'un ordre plus élevé, depuis le sous-préfet jusqu'au président de la République. C'est une garantie stipulée en faveur des gardes nationaux.

### SECTION II.

### *Discipline.*

## Art. 113

Lorsque, conformément à l'art. 108, la garde nationale doit fournir des détachements en service ordinaire, sur la réquisition du sous-préfet, du préfet, ou en vertu d'un décret, les peines de discipline sont fixées ainsi qu'il suit :

Pour les officiers, 1° les arrêts simples pour dix jours au plus; 2° la réprimande avec mise à l'ordre; 3° les arrêts de rigueur pour six jours au plus; 4° la prison pour six jours au plus.

Pour les sous-officiers, caporaux et soldats, 1° la consigne pour dix jours au plus; 2° la réprimande avec mise à l'ordre; 3° la salle de discipline pour six jours au plus; 4° la prison pour six jours au plus.

La discipline doit être plus sévère à mesure que le service de la garde nationale se rapproche du service des troupes soldées.

## Art. 114.

Les arrêts de rigueur, la prison et la réprimande avec mise à l'ordre, ne peuvent être infligés que par le chef du corps; les autres peines peuvent l'être par tout supérieur à son inférieur, à la charge d'en rendre compte dans les vingt-quatre heures, en observant la hiérarchie des grades.

## Art. 115.

La privation du grade pour les causes énoncées dans les art. 75 et 79 ne peut être prononcée que par le conseil de discipline, composé, selon les cas, conformément à la section II du titre IV.

Il n'y a qu'un seul conseil de discipline pour

tous les détachements du même arrondissement de sous-préfecture. Les membres sont nommés par le commandant supérieur des détachements.

### Art. 116.

Tout garde national qui, désigné pour faire partie d'un détachement, refuse d'obtempérer à la réquisition ou quitte le détachement sans autorisation, est traduit en police correctionnelle, et puni d'un emprisonnement qui ne peut être inférieur à dix jours ni excéder trois mois ; s'il est officier, sous-officier ou caporal, il est, en outre, privé de son grade.

Tout le titre V est presque textuellement extrait de la loi du 22 mars 1831.

## TITRE VI.

### Des Corps mobilisés.

### Art. 117.

Il sera pourvu par une loi spéciale à l'organisation et au service de la garde nationale mobilisée.

Jusqu'à ce que cette loi spéciale ait été faite, et prenne place dans nos Codes, le titre VI de la loi du 22 mars 1831 est maintenu.

## TITRE VII.

### Dispositions spéciales.

----

### ART. 118.

Les gardes nationaux blessés dans l'accomplissement de leur service, leurs veuves et leurs enfants, auront droit à des pensions, secours ou récompenses, qui seront déterminés par des lois spéciales.

Cet article contient une disposition modifiée de la loi de 1831 : cette disposition, si elle était nouvelle, serait du reste bien justifiée par les tristes événements au milieu desquels ont succombé des pères de famille dans l'accomplissement de leur devoir ; c'est une dette que la société paie à ceux qui risquent leur vie pour sa défense.

### ART. 119.

Dans les deux ans qui suivront la promulgation de la présente loi, le gouvernement procédera à l'organisation successive des corps de la garde nationale dans toutes les communes de la République. Il sera procédé aux élections immédiatement après cette réorganisation.

Dans le même délai, il sera procédé à l'inspection, et, s'il y a lieu, au retrait provisoire des armes, là où le gouvernement le jugera nécessaire, afin de pourvoir à une nouvelle répartition de l'armement.

Les gardes nationales dissoutes en vertu du premier paragraphe de l'art. 5 de la loi du 22 mars 1831 ne seront réorganisées qu'à la même époque et dans le même délai.

Les corps actuels de la garde nationale et leur cadre sont maintenus jusqu'à l'organisation prescrite par le premier paragraphe du présent article.

On s'est demandé si dans le cas d'une réorganisation immédiate de la garde nationale de la Seine, le gouvernement ne pourrait pas maintenir en état de dissolution les quatre légions de cette garde qui s'y trouvent actuellement. Cela ne saurait être douteux. Les légions de la garde nationale sont complétement distinctes; on peut réorganiser l'une et retarder la réorganisation de l'autre, pourvu que cette réorganisation ait lieu dans les délais indiqués par la présente loi. Le texte de l'art. 119 est formel; il suffit pour le comprendre de lire attentivement son troisième paragraphe.

Le délai de deux ans fixé par le paragraphe premier

de l'art. 119 a été proposé par la Commission ; le gouvernement n'avait demandé qu'un an ; divers amendements réduisaient ce délai à six mois, même à trois mois. Voici sur quels motifs sérieux la Commission s'est appuyée ; ils ont reçu l'adhésion du gouvernement avant le vote : « L'organisation de la garde nationale (1),
» telle que nous vous la proposons, exigera manifeste-
» ment des détails assez étendus.

» Il y a, d'ailleurs, des motifs de prudence qui peu-
» vent exiger que cette vaste organisation et les élec-
» tions qui en seront la suite ne se fassent pas simul-
» tanément sur toute la surface de la France.

» Nous laissons un délai de deux années au gou-
» vernement, pendant lesquelles il devra avoir pourvu
» partout à la réorganisation de toutes les gardes na-
» tionales, même de celles qui sont aujourd'hui à l'état
» de dissolution. C'est là une question d'appréciation
» politique qu'il nous a paru nécessaire de résoudre en
» ce sens, afin de sauvegarder les intérêts de la paix et
» de la tranquillité.

» Jusqu'à la nouvelle organisation, les corps actuels
» de la garde nationale et leurs cadres sont maintenus.
» C'est une conséquence, et une application nouvelle
» que vous ferez des principes qui vous ont déterminés
» à rendre la loi transitoire du 15 mars.

» La dernière disposition (art. 120) abroge toute la
» législation antérieure en ce qu'elle a de contraire à la
» présente loi.

_______________

(1) Rapport de M. de Riancey.

9

» Nous sommes heureux de pouvoir vous dire que
» toutes les modifications que la Commission avait ap-
» portées au projet primitif ont été consenties par le
» gouvernement, et quec'est dans un sentiment d'accord
» complet que nous nous présentons pour soutenir et
» défendre devant vous une loi qui intéresse à un si
» haut degré l'ordre social. »

### ART. 120.

Sont abrogés les titres I, II, III, IV, V, de la loi du 22 mars 1831, les lois des 14 juillet 1837 et 30 avril 1846, les décrets ou arrêtés des 8 et 13 mars, et du 36 avril 1848, sur la garde nationale, ainsi que toutes les dispositions relatives au service et à l'administration de la garde nationale qui seraient contraires à la présente loi.

La loi de 1831 était composée de six titres ; les cinq premiers seulement se trouvent abrogés par l'article précédent ; le titre VI : « *Des corps détachés de la » Garde nationale pour le service de guerre* » est donc maintenu.

La loi de 1837 était spéciale au département de la Seine ; la nouvelle loi contient dans plusieurs de ses articles des dispositions exceptionnelles à l'égard de la garde nationale de la Seine, qui, pour le surplus, sera régie par la loi commune à tous les départements.

Les décrets ou arrêtés des 8 et 13 mars et du 30 avril 1848 émanaient du Gouvernement provisoire.

PARIS. — IMP. CENTRALE NAPOLÉON CHAIX ET Cᵉ, RUE BERGÈRE, 20.